L'âne

L'auteur et l'équipe éditoriale remercient chaleureusement les âniers de la FNAR qui nous ont transmis leur documentation, ainsi que Régis Tirlemont, de l'association « À petits pas », pour son aimable collaboration.

Direction éditoriale : Hervé Chaumeton, Jean Arbeille

Suivi éditorial : Sophie Jutier
PAO : Nathalie Lachaud, Francis Rossignol
Photogravure : Stéphanie Henry, Véronique Janvier-Baudonnat, Chantal Mialon

ISBN : 2-84416-248-7
Numéro d'éditeur : 84416
Dépôt légal : mai 2004

Achevé d'imprimer : avril 2004
Imprimé en UE par ONA Industria Gráfica

L'âne

Serge Farissier

ARTÉMIS
ÉDITIONS

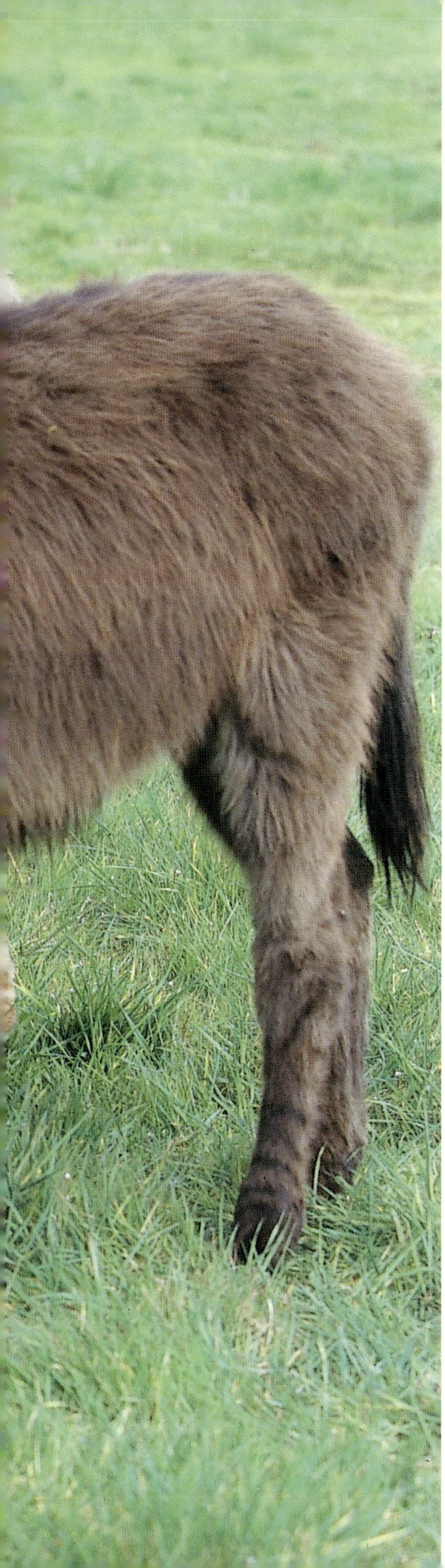

Sommaire

Introduction

Quand l'âne rit

Depuis quelques années, les ânes, les mules et les mulets reviennent auprès de nous au galop, le trot n'étant pas leur allure préférée. Et ces derniers ne sont plus seulement un simple élément de la paysannerie, au sens noble du terme, mais un véritable patrimoine vivant, apprécié, à nouveau, en des tâches plus gratifiantes !

Il devrait suffire à ces revenants en nos divers terroirs, ces petits Équidés aux origines millénaires que nous connaissons mieux, d'aller encore plus loin avec nous, vers plus d'harmonie, moins d'égocentrisme : des nécessités aujourd'hui impérieuses pour, enfin, entendre et comprendre ce que ces vaillants et résignés compagnons de l'Homme ont toujours eu à nous enseigner. Et la redécouverte des « chuchoteurs » n'est pas inopinée, mais se révèle comme le retour indispensable aux racines et à leur écoute. Racines qu'un urbanisme tentaculaire tendrait malheureusement à nous faire oublier. Par rapport à l'individualisme grandissant, l'âne, les mules et les mulets ont su créer des clans solides, familiaux, amicaux, corporatifs, qui pourraient nous faire renouer sciemment avec une vie sociale sans préjugés et des sentiments d'humanité réels.

Et si les ânes sont encore bien présents parmi nous, à notre écoute par leurs longues oreilles, dans nos progressions et nos déroutes, nous nous devrons de les appréhender comme ils le méritent, autrement, sachant désormais qu'ils peuvent souffrir. Il nous faudra aller à leur rencontre différemment, avec respect. Les ânes : une chaude et chaleureuse présence très souvent fiable et pleine d'enseignements, une remise en question de chaque instant, qui n'attendent en retour qu'un peu d'herbe et beaucoup d'attentions.

Pour Elsa

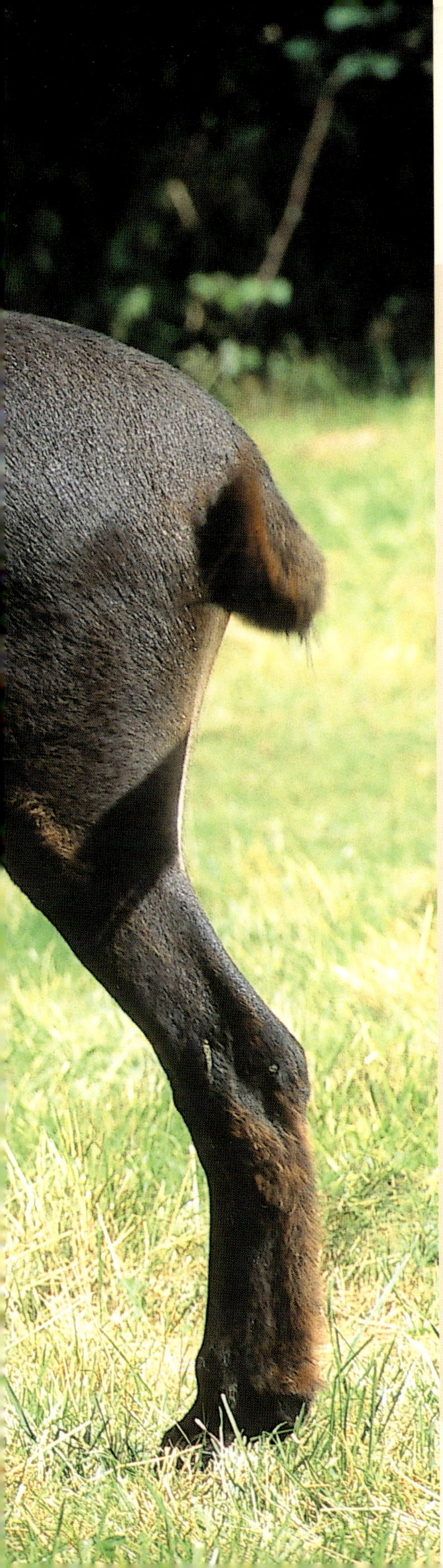

Généralités

Les Équidés : une très longue histoire

C'est grâce à la découverte de fossiles que des chercheurs, des scientifiques, des passionnés ont pu retracer l'histoire de l'évolution des ânes, ces auxiliaires aux très longues oreilles qui ont parcouru un long chemin pour devenir les partenaires indéfectibles de nos loisirs.

La famille des Équidés appartient à la classe des mammifères : la femelle, qu'elle soit jument ou ânesse, allaite, grâce à ses deux mamelles, son unique rejeton (le poulain ou l'ânon) ; il existe, cependant, des cas de gémellité. Ce sont des Imparidigités, chaque extrémité de leurs membres se terminant en fait par un seul doigt pourvu d'un ongle hypertrophié (ordre des Périssodactyles). Chez les Équidés actuels, il existe certes le cheval *(Equus caballus)*, mais encore les zèbres *(Equus burchelli* ou *quagga, grevyi, zebra)* et bien des représentants des races dites asines, c'est-à-dire les ânes. Herbivores, ils ne se nourrissent que de matières végétales, en principe. Ces quadrupèdes se déplacent généralement à trois allures : pas, trot (peu pratiqué par l'âne) et galop, sur quatre membres que l'homme a bien voulu reconnaître comme des « jambes » et non des « pattes » : deux antérieurs (semblables à nos membres inférieurs) et deux postérieurs (semblables à nos bras).

Des millénaires pour grandir

L'ancêtre des Équidés était représenté à l'Éocène (ère tertiaire) par le genre *Hyracotherium*, qui comporte plusieurs espèces, dont la taille moyenne était celle d'un lévrier. Le nombre de doigts était déjà réduit à trois à la patte postérieure, quatre à la patte antérieure, et on estime que ces animaux pouvaient courir à une

Durant des millénaires, l'âne bâté s'est montré un précieux auxiliaire des hommes dans leurs nombreuses pérégrinations.

Ci-dessus : Les ânes « en culottes » se sont rendus célèbres sur l'île de Ré, notamment pour la pêche aux crevettes.

vitesse voisine de celle du cheval actuel. Puis l'évolution se poursuit avec *Mesohippus, Miohippus, Parahippus, Merychippus*..., jusqu'à *Pliohippus,* qui est le premier des Équidés à ne posséder qu'un seul doigt.

Pendant le Pléistocène, au début du Quaternaire, apparaît le genre *Equus*, qui se répandra en Amérique du Sud, en Eurasie, puis en Afrique. La fin de cette période verra son extinction en Amérique du Nord et du Sud ; il ne sera réintroduit sur ce continent, sous sa forme domestique, qu'au XVIe siècle. Tous les Équidés actuels sont ainsi rassemblés dans le genre unique *Equus,* comportant six espèces, elles-mêmes divisées en sous-espèces.

L'Homme et l'Équidé

Sélectionné à partir de l'âne sauvage africain (*Equus asinus,* comprenant deux sous-espèces : l'âne de Nubie et l'âne de Somalie), l'âne domestique est utilisé dès 3 000 ans avant J.-C., en Palestine, pour transporter les marchandises, bien avant le dromadaire. Très vite, il se répand dans le sud de l'Europe, surtout dans les pays médi-

Ci-dessus, en haut : C'est en compagnie des ânes que bien des fermières allaient vendre le lait de leurs vaches... ou celui des ânesses !

Ci-dessus, en bas : L'âne s'est vite révélé un bon compagnon des enfants.

terranéens où l'on apprécie sa robustesse et sa sobriété, et devient l'animal de bât et de monture des plus démunis. L'âne n'aurait été introduit que plus tard dans l'Europe septentrionale, où il a su s'adapter à des climats beaucoup plus froids pour lesquels il n'a jamais affiché une véritable prédilection (même s'il existe des ânes tibétains). En ce qui concerne le Nouveau Monde, comme son cousin, le cheval, ce seront les Conquistadores qui vont lui faire conquérir l'Amérique du Sud à partir du XVIe siècle. Au XVIIIe siècle, l'âne, les mules et les mulets auront colonisé l'Amérique du Nord ! Ainsi l'espèce s'est répandue et a évolué selon les possibilités offertes par divers habitats et différentes causes.

Un *Equus* à part entière

Equus asinus est l'une des versions domestiquées de l'âne sauvage *(Equus africanus)*, dont l'existence est attestée depuis au moins quatre millénaires.
Il existerait encore des hémiones *(Equus hemionus)*, l'« âne rouge », dont certains se sont éteints (pour avoir été trop chassés) et d'autres espèces ou sous-espèces en voie de disparition : l'hemippe de Syrie, l'onagre de Perse, le koulan du Turkménistan, le khur d'Afghanistan, le kiang du Tibet *(Equus kiang)*, etc. Un bas-relief découvert en Mésopotamie, datant de 2 500 ans avant J.-C., représente un attelage, à quatre roues pleines, de plusieurs onagres.

À gauche : Des ânes sont encore très naturellement utilisés en Afrique du Nord (dans les pays du Maghreb).

À droite : Les multiples possibilités des mules ont toujours été appréciées par l'armée suisse.

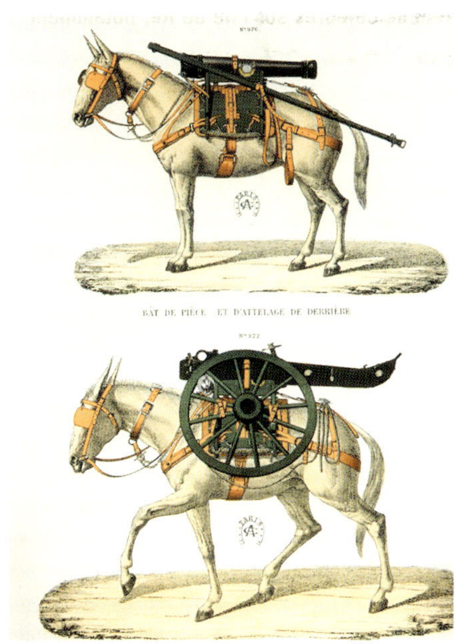

L'âne : mythes et légendes

L'âne est-il encore vraiment ce que l'homme a pu projeter sur lui, de ses fantasmes et de sa réalité, au travers des multiples représentations existant depuis l'Antiquité ? Et s'il avait décidé, tout simplement, de nous accompagner plus loin pour nous indiquer encore bien des chemins ?

Statuette africaine en bronze.

Les mentalités ont évolué, pourtant, l'âne est souvent associé à des idées plutôt négatives : c'est, pour beaucoup, un animal bête et têtu, borné, sournois... Cependant, il existe des sculptures, des gravures anciennes, de vieilles photographies en noir et blanc ou sépia, qui nous ramènent en arrière, il y a très longtemps, où il fut, sinon vénéré, très présent. Et, aujourd'hui, il nous rattrape ! L'âne, le « cheval du pauvre », serait-il le miroir de toutes nos faiblesses, de nos défauts, de nos perversions ? Il faut bien avouer qu'il était là, sur la planète, des millénaires avant nous. Les premiers hommes commenceront par le chasser pour le manger et se vêtir de sa peau. Par la suite, pour éventuellement se déculpabiliser, peut-être vont-ils bâtir des mythes et donner naissance à bien des légendes.

L'hémione, l'onagre, l'âne et les démons

Bien qu'il subsiste encore des sujets à l'état sauvage en Somalie, *Equus africanus* aurait été domestiqué approximativement 6 000 ans avant J.-C. C'est dire si l'âne a pu faire partie du quotidien, de l'évolution et de l'imaginaire des êtres humains. Bien que présentant des oreilles moins longues, hémiones et onagres pourront être englobés sous le terme générique d'« ânes sauvages », en opposition à l'âne domestiqué. Paré d'une belle robe « rouge » comme le sable des déserts, l'hémione fut beaucoup pourchassé, comme l'attestent des bas-reliefs assyriens. L'onagre, quant à lui, se retrouve attelé, en paire, aux chars à quatre roues pleines en Mésopotamie. Ayant découvert la possibilité de monter à cheval, l'homme va prélever à outrance, à l'arc et avec des chiens, ceux qui l'avaient si bien servi. Au Ve siècle avant J.-C., en Perse, le roi sassanide Bahram V devrait son surnom de Gour (autrement dit onagre) à un épisode de sa vie de chasseur : il aurait transpercé d'une même flèche un onagre et un lion qui avait sauté sur le dos de celui-ci.

Il faut noter que les Romains ont nommé « onagre » l'une de leurs machines de guerre, une grosse catapulte qu'ils utilisaient dans les batailles ou lors des sièges.

Chassés, mangés, attelés, asservis, tous les ancêtres de nos ânes auront eu droit, quelque part et pas toujours à leur avantage, au panthéon des dieux antiques de bien des mythologies. Il y a déjà très longtemps, aux Indes, les brahmanes ayant commis une faute grave n'avaient d'autre solution, pour l'expier, que de sacrifier un âne aux dieux en colère ; puis de se vêtir

Terre cuite du Mali représentant un Équidé aux longues oreilles.

L'âne : réceptacle de nos fantasmes.

de sa peau et de s'en aller mendier, ainsi recouverts, un an durant. Quant à Krishna, il sera confronté à la ruse et à la fourberie supposées d'un âne. Il lui faudra affronter un démon onguligrade affectionnant les palmiers : mais il saura envoyer l'âne démoniaque dans les dattes !

Chez les anciens Égyptiens, l'âne, qui est employé à toutes sortes de besognes quotidiennes, fut traité comme un être mauvais par essence. Animal impur, l'âne roux, en particulier, était considéré comme un animal voué au dieu Seth – dieu des terres stériles et des tempêtes, meurtrier de son frère Osiris – et pouvait être sacrifié lors de rites propitiatoires.

Pour sa part, le roi Darius (VIe-V^e avant J.-C.) aurait dû sa victoire sur les Scythes aux cohortes accompagnées de nombreux ânes qui se mirent tous à braire en même temps : un tintamarre qui fit s'enfuir en désordre les montures de ses fougueux assaillants.

L'âne et la rédemption

S'il dispose parfois de zébrures aux jambes ou d'une raie de mulet, témoins d'un héritage antique, il lui sera toujours permis d'avancer sa croix de Saint-André et ses longues oreilles comme autant d'antennes dressées vers les cieux et captant leurs messages. C'est le bras armé d'une mâchoire d'âne que Caïn assassina son frère Abel et, plus tard, Samson va tuer pareillement des milliers

Les zébrures aux membres sont fréquentes...

... ainsi qu'une raie de mulet et une bande cruciale aux épaules, signes primitifs de rusticité.

De longues oreilles dressées vers le ciel, comme autant de signaux.

Des oreilles royales

D'après la tradition grecque, Midas, roi de Phrygie (VIIIe siècle avant J.-C.), aurait été amené à arbitrer un concours de musique entre le dieu Apollon, qui jouait de la lyre, et le satyre Marsyas, passé maître dans l'art de la flûte. Midas déclara Marsyas vainqueur.
Le dieu Apollon, vexé, fit pousser au roi Midas de longues oreilles d'âne pour le châtier.
Cette légende serait à l'origine du bonnet phrygien, qui rappellerait la tiare sous laquelle Midas cachait à son peuple ses grandes oreilles.

de Philistins. Symbole de pauvreté et d'humilité dans la religion chrétienne, l'âne réchauffe l'enfant Jésus dans la crèche, permet sa fuite en Égypte et lui sert de monture lors de son entrée à Jérusalem. S'il arrive que les ânes se mettent à parler, parce qu'ils sont seuls à entendre les voix célestes, c'est en signe d'humilité qu'ils porteront sur leur échine les moines, les papes et bien des saints. Nombre de mythologies et de légendes se sont évanouies, mais l'âne est toujours là, présent à notre épaule et apparemment plein de ressources, prêt à nous faire découvrir encore bien des richesses.

Des oreilles : royales ou divines !

L'âne et le bœuf : animaux de la crèche.

Son achat

Il est permis de penser que le fait de vouloir acquérir un âne découle d'une longue réflexion : budget, hébergement, race, sexe, âge, utilisations, etc. Il faut être très conscient, aussi, des astreintes multiples engendrées par une telle présence à demeure !

Accueillir un âne chez soi, un animal de grand gabarit qui nécessite beaucoup d'espace et de soins, va entraîner quotidiennement d'innombrables obligations, plusieurs fois par jour, tous les jours de l'année et ce durant près de quarante ans. Installer ce petit Équidé dans son univers, notamment familial, serait un peu comme inviter un extraterrestre sous son toit !
Avant toute démarche, il est important d'envisager raisonnablement votre environnement : des installations saines, en milieu rural, sont préférables à un appartement en ville – ça s'est déjà vu. D'autre part, la proximité de plusieurs prairies irriguées, d'accès

Ci-contre : L'intervention du vétérinaire peut être nécessaire.

Page suivante : La taille se mesure du sol au garrot, au moyen d'une toise.

facile, est un atout non négligeable. Il faut également vous soucier de votre voisinage, car bien des gens, peu éloignés, pourraient ne pas apprécier certaines nuisances sonores, car l'âne peut braire très bruyamment et fréquemment. Par ailleurs, il est indispensable d'envisager avant toute transaction les frais qui vont s'ensuivre, nécessaires voire incontournables (vétérinaire, maréchal-ferrant, etc.). Enfin, même si vous avez lu et relu bien des ouvrages spécialisés, il sera bon d'effectuer un véritable tour de France des élevages et des foires aux ânes, afin de vous « frotter » véritablement à ces petits Équidés.

Bien choisir son âne

L'idée d'acquérir un tel animal est, souhaitons-le, le résultat de maints projets : bâté ou attelé pour les promenades, attelé pour de menus travaux, sous la selle pour les enfants... Mules et mulets, très efficaces pour les petits débardages, se révèlent aussi des montures qui ne manquent ni de surprise ni de charme. Actuellement, il existe en France sept associations officiellement reconnues par les haras nationaux. Elles peuvent fournir, en dehors de bien des conseils, les coordonnées de leurs éleveurs-adhérents, d'utilisateurs chevronnés, de sympathisants avertis, et des listes d'animaux proposés à la vente, très bien référencés.

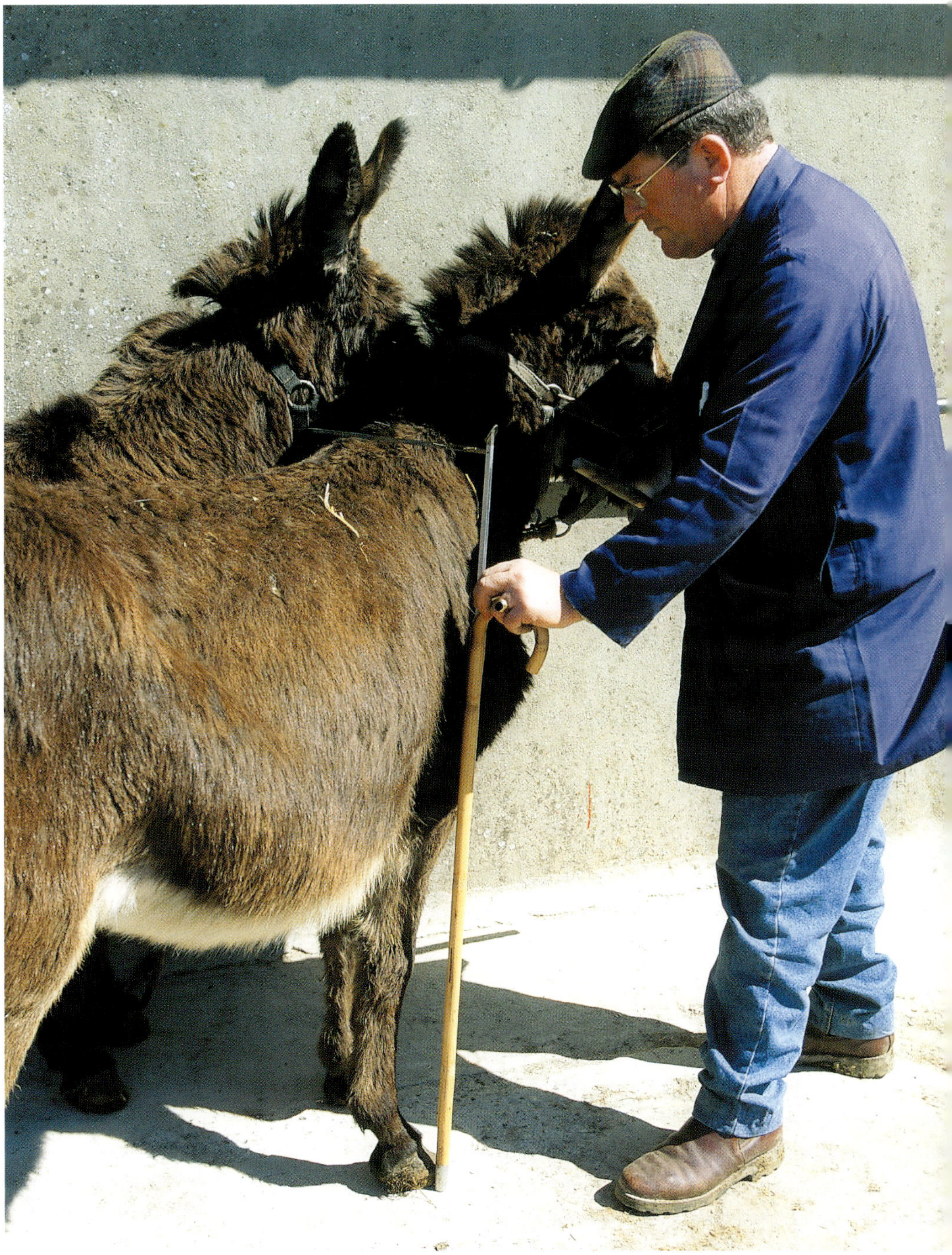

Un étalon, un baudet au caractère souvent affirmé, rare donc cher, est affaire d'éleveurs confirmés. Sans être étalon, le mâle entier peut présenter bien des inconvénients pour des débutants, notamment le printemps venu, lorsque les ânesses des environs sont en œstrus. D'un aspect avantageux, noble, il peut se montrer très dominant et ne pas se laisser faire par ses nouveaux maîtres.

L'ânon, souvent vendu au sevrage, c'est-à-dire à 6 mois, requiert beaucoup de soins, d'attentions et de longues années d'apprentissage avant de satisfaire pleinement ceux qui l'ont choisi, qui doivent faire preuve de beaucoup de patience.

L'ânesse est plus « souple » d'esprit, avec quelques petits écarts possibles, à la saison des amours, lorsque les baudets se mettent à braire. Elle est beaucoup plus attentive que le mâle, plus coopérante avec l'homme et peut, éventuellement, engendrer des ânons.

Quant au hongre, c'est un beau sujet adulte et bien éduqué qui, ayant été castré, va se trouver dépourvu de tout sentiment amoureux, de toute agressivité, reportant essentiellement son attention sur ce qui lui est demandé (un sujet jeune peut être castré à la demande et aux frais de l'acheteur, ce qui ne supprime pas tous les aspects d'une bonne éducation). Ce sont là de bons partenaires pour des amateurs débutants, bien initiés, désireux de faire leur apprentissage d'âniers en toute quiétude. Toutefois, il faut savoir qu'un âne seul, même hongre ou miniature, à une grande tendance à l'ennui, qui peut l'amener à se laisser dépérir.

En ce qui concerne les ânes miniatures, il faudra, dans ce cas particulier, préférer le mâle, plus joueur, à l'ânesse. Ce sont des ânes à part entière, plus petits que les autres certes, mais nécessitant autant d'espace, d'attentions, de soins et d'autorité que leurs congénères. D'autre part, il convient aux acheteurs éventuels de se méfier avant toute transaction, car des marchands peu scrupuleux sont tout à fait capables de

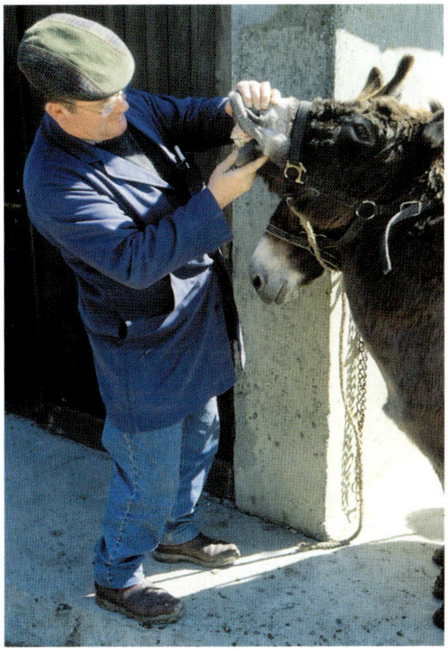

Page de gauche : Jeune « fedon » à l'écoute du monde. Prêt à être adopté !

Ci-contre : Comme pour le cheval, une inspection régulière des dents est indispensable, afin notamment de déterminer l'âge d'un âne.

Une indication de prix

Il faut prévoir de débourser, au moins, de 300 à 380 euros pour un âne commun, sans garantie aucune d'origines ou de satisfaction… Chez les races officiellement reconnues, les prix ont su flamber, mais seraient actuellement stables, voire à la baisse : il faut compter toutefois un minimum de 900 euros pour acquérir un sujet valable et jeune.

Les prix, même en marchandant, ce qui est de mise dans ce milieu, tiennent compte de l'âge, des origines et du niveau de dressage. Un âne miniature ne s'acquiert pas à moins de 1 500 euros. Mules et mulets peuvent atteindre 3 000 euros.

Les propriétaires doivent savoir

– Que tous les ânes possèdent obligatoirement une fiche d'identification ou un certificat d'origine établi par un agent des haras nationaux ou un vétérinaire agréé.

– Que l'identification est à assurer par un agent des haras ou un vétérinaire agréé avec pose d'une puce électronique par transpondeur.

– Que l'original de la fiche d'identification ou le certificat d'origine de l'âne doit être remis au nouveau propriétaire, qui devra en adresser photocopie, sous huit jours, au SIRE (Système d'identification et de recensement des Équidés)

Département SIRE
BP 3 – 19231 Arnac Pompadour
Cedex 05 – Tél. : 05 55 73 83 83

proposer à la vente un ânon d'une toute autre race comme étant un âne miniature adulte : la surprise peut être de taille au bout de quelques mois ; le vendeur, quant à lui, ayant disparu. La mode aidant, de nombreux sujets aux origines floues, provenant souvent des pays de l'Est, en mauvaises conditions, peuvent aussi être proposés à la crédulité d'acheteurs fraîchement convaincus.

Précautions avant l'achat

Avant de se jeter sur le premier âne venu, il vaut mieux prendre son temps, participer à une ou plusieurs randonnées bâtées, rencontrer des éleveurs et des élèves, notamment dans des conditions habituelles, routinières, où les uns et les autres sont moins stressés que dans l'ambiance d'un foirail. Il sera important de se renseigner sur les ascendants du sujet choisi, ses préférences, ses amitiés, ses habitudes alimentaires ou autres, ses petites manies... Avant de conclure, une visite d'achat est essentielle. Effectuée par un vétérinaire, elle renseignera les acheteurs sur l'état de santé de leur futur compagnon et permet éventuellement de déceler un vice caché, parfois rédhibitoire, toujours à redouter. Il est possible de négocier une période d'essai et d'envisager un échange éventuel. Enfin, il faudra songer au transport (que certains vendeurs prennent en charge) et à assurer votre acquisition, bien vivante et qui pourrait causer des dommages à des tiers.

Lecture de la puce électronique désormais obligatoire.

Son accueil

L'âne est dans le van : il n'y a plus qu'a bien l'accueillir. Car du rêve à la réalité, il aura fallu envisager, en dehors d'autres aspects, ceux qui consistent à l'entretenir physiquement, moralement, et à tenir compte de ce nouveau membre de votre famille.

Ci-dessus : L'âne est épris de liberté comme l'expriment ses braiements.

Ci-contre : Le van sera utile pour transporter votre nouveau compagnon.

L'âne est un quadrupède herbivore épris de liberté et de variété. Animal grégaire appréciant la compagnie de ses congénères, mais d'autres animaux domestiques aussi, il savoure les grands espaces. Pour un âne, la prairie est donc de loin la meilleure solution, ajoutée, et cela est réellement nécessaire, à la présence d'un autre animal (chèvre, mouton, poule, chevaux ou d'autres ânes). Il lui faudra également un abri spacieux et confortable, accessible à tous moments de la journée, et qu'il conviendra de nettoyer tous les jours. Sur une vaste pâture (de 2 000 à 3 000 m^2 pour un seul animal), le petit Équidé va pouvoir entretenir son équilibre physique et psychique. Le pré doit être un lieu d'évasion et de tranquillité, où il pourra brouter à sa convenance. Si, pour favoriser son nomadisme naturel, un cheval doit disposer d'au moins 1 ha de pâturages, l'âne peut en revanche se satisfaire de trois fois

L'âne a besoin de compagnie... et de compléments alimentaires comme le foin.

moins et d'une végétation plus grossière et plus disséminée : il adore les chardons en fleur, voire les ronciers et les épineux. Bien des ânes sont ainsi employés avec succès au débroussaillement de zones forestières.

Le bonheur est dans le pré

Pour de multiples raisons (surveillance aisée des intrusions de toutes sortes, tentatives de vol, inondations...), l'enclos de votre âne devra se situer à proximité de votre domicile, afin de faciliter vos nombreux déplacements. Même si vous pensez disposer d'un excellent pré, il est important de faire un état des lieux avant d'y installer votre nouveau compagnon. Il convient en effet d'éliminer d'emblée tout ce qui pourrait se révéler dangereux : débris de verre, objets métalliques, détritus, etc. Il peut être permis de penser que l'âne sait parfaitement ce qu'il doit ou non ingurgiter, qu'il évite soigneusement ce qui ne lui convient pas ou qu'il avale tout : une croyance erronée. Par distraction ou par ennui, voire par gourmandise, un âne peut ingérer bien des plantes d'une grande toxicité, qu'il sera impératif de supprimer du pré. Il ne sera pas inutile de veiller aussi sur les promeneurs qui, afin d'attirer « Cadichon » à la clôture, pourraient sans mauvaises intentions lui tendre une poignée de jolies fleurs mortelles. En outre, notre petit herbivore nécessite d'avoir à sa disposition de quoi étancher sa soif en permanence, particulièrement par fortes chaleurs. Si le pâturage dispose d'un

Son enclos doit favoriser son nomadisme et son équilibre physique et psychique.

Élever des ânes miniatures

Envisager un élevage d'ânes miniatures ne s'improvise pas. Cela nécessite, avant tout, et en dehors des aspects juridiques, bien des connaissances sur l'élevage des ânes. Afin de pouvoir effectuer une sélection rentable, il faut une base de six à huit ânesses miniatures et les services d'un petit baudet. Vous devrez veiller à ne faire se reproduire que les sujets bien conformes et prendre garde au nanisme et/ou au rachitisme.
Au moment de la naissance, l'ânonnage, et après une gestation d'un an, l'ânesse va s'isoler. Il convient de la surveiller à distance : généralement, la mise bas ne dure pas plus de trente minutes, sinon il est indispensable d'intervenir en tirant sur les pieds du nouveau-né à chaque contraction. La présence d'un vétérinaire est parfois souhaitable. L'ânon soulagé du cordon ombilical (qui se détache seul), il faudra désinfecter l'ombilic et vacciner le nouveau-né contre le tétanos et la septicémie. Veillez enfin à ce que le nouveau-né absorbe normalement et régulièrement le colostrum, le premier lait maternel. Les ânons peuvent être inscrits au Stud Book américain, à condition que leurs parents l'aient été avant eux.

- **Claude Hamelin (ânes miniatures)**
Moulin de Biard –
72470 Saint-Mars-La-Brière –
Tél. : 02 43 89 47 89

- **Ânes méditerranéens**
– Association nationale des ânes méditerranéens (ANAM) :
21, rue Pétion – 75011 Paris
– Élevage de Beaumanoir :
61390 Gapree –
Tél./Fax : 02 33 28 78 51

En haut, à gauche : Un abri bien orienté, spacieux, est indispensable.

En bas, à gauche : Il est important de protéger les arbres dont l'âne raffole de l'écorce.

La stabulation libre : une éventuelle protection contre les pluies fortes, les vents froids, le soleil et les insectes... et un lieu de rencontres !

Constat d'éleveurs

De nombreux éleveurs auraient fait le constat suivant concernant les tiques et autres parasites : les Équidés qui paissent en compagnie de bovins (ces derniers broutant les « refus » des premiers) sont généralement exempts de parasites. L'âne, en pâture avec des chevaux, effectue un travail identique à celui des bovins et en plus, il dévore les chardons ! Mais rien n'indique qu'il éloigne les parasites.

Page suivante : Contrairement au cheval, l'âne est très sociable avec ses congénères, même autour d'un festin !

L'âne apprécie la compagnie d'autres animaux.

point d'eau limpide et naturel (source, ruisseau...), il s'agit-là d'une situation idéale. Sinon, il faudra veiller à tenir constamment remplis un ou plusieurs abreuvoirs adéquats (barils, baignoires, etc.).

L'âne ne craint presque rien, excepté le froid et l'humidité : un abri solide et spacieux, aéré mais sans courants d'air, l'ouverture orientée au sud, est également indispensable pour que le ou les pensionnaires aux longues oreilles puissent se protéger d'un soleil trop ardent et des insectes, de pluies abondantes ou de vents violents et froids. L'âne étant au pré, son propriétaire n'est pas pour autant libéré de préoccupations quotidiennes : des visites journalières (au moins matin et soir) sont indispensables. Un bon pansage sert à favoriser les retrouvailles, à conforter des liens à toute épreuve, et s'avère particulièrement utile pour déceler et éliminer tiques et autres parasites, nombreux et fréquents en prairie, notamment entre mai et septembre. Dans le champ qu'il explore quotidiennement, il faudra aménager un espace de terre battue, où l'âne pourra se rouler à volonté pour se toiletter tout seul ou en compagnie.

Mis au pré pour longtemps, l'âne n'est généralement pas ferré, pour son aisance et la sécurité de ses congénères. Toutefois, ses pieds feront l'objet d'une attention rigoureuse et d'un parage régulier, afin d'éviter que ses sabots ne se transforment en « babouches » parfois invalidantes (en dehors des visites régulières du maréchal-ferrant, il faudra envisager celles du vétérinaire et du dentiste). Nous retiendrons que les prairies naturelles, comportant une grande variété de plantes dont les graines ont été véhiculées par les vents, conviennent davantage aux ânes qu'une prairie « artificielle » due aux labours et aux semis. Une analyse des sols, par un technicien expérimenté, pourra fournir des renseignements utiles sur la présence et le taux d'éléments indispensables à une alimentation de qualité : phosphore, magnésium, potassium, azote, calcium... Il convient de vermifuger tous les six mois, voire tous les trois mois. L'hiver venu, des compléments alimentaires sont indispensables : foin, orge et avoine aplatis ou encore des granulés ou des flocons. En friandises

Un parage régulier est indispensable : ainsi le maréchal-ferrant fait-il partie de l'univers de l'âne.

rafraîchissantes, les ânes apprécient les carottes et les betteraves. Quant à l'âne miniature, il a gardé de ses origines méditerranéennes un goût prononcé pour les fruits très sucrés comme les dattes et les figues.

Une liberté sous haute surveillance

L'âne étant un fugueur né, clôturer efficacement son nouveau domaine est une nécessité. Bannissez irrémédiablement le barbelé, responsable,

Des compléments alimentaires, notamment en hiver, sont parfois nécessaires.

L'âne aime à rouler sur un espace de terre sèche, toujours le même.

Le grooming, ou les soins réciproques, est un acte « social » très important. Il y a, sur la pâture, un endroit où l'herbe ne repousse plus : celui où aiment se rouler les ânes.

de nos jours encore d'accidents graves et cruels, souvent invalidants. Élément essentiel pour la tranquillité des propriétaires, principalement si d'autres ânes ou ânesses sont présents aux alentours, la clôture devra être solide et bien visible, suffisamment haute, avec des portails résistant aux diverses tentatives d'évasion (l'âne sait parfaitement ouvrir les portes). Elle peut être naturelle (haies serrées, fossés profonds et larges, talus élevés), mais les rubans électriques sur deux rangées sont tout de même plus efficaces, à la condition que les batteries soient assez puissantes, en fonctionnement continu et bien protégées (du gel et du vol). Il faudra tout de même les doubler d'une autre barrière bien visible, des lices blanches par exemple, décourageantes pour d'éventuels intrus mal intentionnés et sans danger pour l'âne. Pour les ânes miniatures, il est indispensable de prévoir un treillis empêchant l'intrusion de chiens errants par exemple, contre lesquels ces tout petits Équidés seraient bien incapables de se défendre. L'âne « traditionnel », en revanche, est un excellent gardien, susceptible de faire feu des dents et des sabots contre tout visiteur indésirable !

Même les ânons sont très habiles pour se gratter là où ça les démange.

Le danger est aussi dans le pré

Doté d'un œsophage et d'un estomac beaucoup plus résistants que ceux du cheval (il peut ingurgiter le bois des portails, des chambranles de son abri, les écorces d'arbres fruitiers, etc.), l'âne peut toutefois être victime des effets de nombreuses plantes toxiques :

– Aconit *(Aconitum napellus)* : cette plante, de la famille des Renonculacées, est toxique dans son ensemble ; 300 grammes ingérés sont mortels.

– Digitale *(Digitalis purpurea)* : cette grande et belle plante aux floraisons en coupes chatoyantes peut s'avérer des plus toxiques ; 120 grammes suffisent pour être mortels.

– Ergot du seigle *(Claviceps purpurea)* : c'est un parasite du seigle qui est susceptible, lorsque ce dernier, contaminé, est mélangé en quantités importantes avec d'autres céréales, de provoquer la mort d'un Équidé.

– Grande cigüe *(Conium maculatum)* : cette plante appartenant à la grande famille des Ombellifères peut se révéler très vénéneuse.

– If *(Taxus baccata)* : contenant un alcaloïde mortel, la taxine, l'if est au maximum de sa toxicité en automne et en hiver. Il suffit de 100 grammes pour tuer un Équidé en quelques minutes.

Il existe de nombreuses autres plantes plus ou moins mortelles ou simplement nuisibles à la santé des chevaux et des ânes : l'ivraie *(Colium temulentum)*, le sénéçon de Jacob *(Senecio jacobea)*, la vératre *(Veratum album)* ou encore certaines fougères, prêles ou colchiques, sorgho ou nielle, gesse et vesce, voire la cigüe aquatique.

Digitale.

Grande cigüe.

Aconit.

If.

Son caractère et ses utilisations

Il a souvent été dit que le cheval était un formidable animal de rassemblement. Cependant, depuis quelques années, il est un autre Équidé, plus petit et aux plus longues oreilles, qui pourrait bien se révéler être, lui aussi, un fabuleux confident et un excellent médiateur.

Délaissés pendant une longue période, les ânes sont en train de reconquérir le cœur des petits et des grands, et dévoilent peu à peu de multiples qualités. L'un des avantages de ce sympathique et placide partenaire réside dans le fait qu'il n'est pas nécessaire d'être cavalier pour voyager en sa compagnie. Ainsi, lors de randonnées pédestres, l'âne s'est affirmé comme un formidable compagnon : rustique, parfaitement adapté aux petits sentiers escarpés de montagne, il ne se contente pas d'assurer le portage du matériel (vêtements, nourriture, etc.) ou d'un jeune enfant

De nombreux documents d'époque attestent de la convivence qui s'est installée entre l'âne et les hommes...

fatigué, mais il se fait aussi le complice des marcheurs, le médiateur entre eux et les habitants des régions traversées. Des atouts qui peuvent encore expliquer sa reconversion en animal de compagnie, calme et affectueux, souvent irremplaçable pour les enfants et leurs aînés. Toutefois, s'il n'est pas têtu, au sens où nous voulons bien généralement l'entendre,

... que ce soit sous le bât ou même sous la selle.

Une bride et un mors adaptés sont nécessaires, la bouche de l'âne étant plutôt rebelle.

Une saine autorité nécessaire

Il est recommandé, particulièrement en randonnée, d'appliquer quelques règles strictes : lorsqu'on marche, par exemple, on ne broute pas ! Au risque de ne jamais arriver à la fin de l'étape. Selon les conseils d'une professionnelle, il ne faut jamais donner à manger dans la main. C'est le meilleur moyen de finir par se faire mordre, l'âne associant peu à peu la main à l'aliment.

Bâté, l'âne se révèle un excellent compagnon des randonneurs pédestres. Mais l'auxiliaire est apprécié aussi en divers travaux (à gauche : bât et sachoches ; ci-dessous : bât et paniers).

l'âne possède néanmoins son caractère ! Il est important de résister à ses caprices et à ses tests. Ainsi, avec des entiers notamment, il sera indispensable de ne rien céder et de leur signifier, par des attitudes et des décisions nettes, qui commande.
En respectant quelques principes, il est possible d'éduquer convenablement votre âne, qui n'en sera que plus attachant, très doux et d'abord facile. Cet animal au pied très sûr peut aussi évoluer en attelage de loisirs, de compétition (il existe, depuis peu, un championnat de France) ou de travail (l'âne peut très bien tracter une petite « jardinière », une charrue ou une râteleuse de faibles dimensions), mais aussi sous la selle ou la bardette. Dans ce cas de figure et concernant des cava-

Comme le cheval, l'âne sait aussi faire son « cinéma », ici au Musée vivant du Cheval à Chantilly.

liers adultes, il sera peut-être utile de choisir une mule ou un mulet ayant subi une très bonne éducation.

L'âne, aimant vivre en groupes peu turbulents, serait beaucoup moins impulsif, et plus intelligent, que le cheval. D'ailleurs, sa réputation de têtu lui viendrait du fait que, contrairement à son cousin, il réfléchit : souvent, lorsqu'il s'arrête en cours de chemin, c'est afin d'envisager le meilleur passage, de calculer la manière adéquate de franchir, sans problème, une difficulté ; ou pour toute autre raison qu'il vous appartiendra de découvrir (bât mal installé, perte d'un paquetage, randonneur trop éloigné, etc.). Mules et mulets, plus grands, issus de croisement, affichent parfois un caractère plus « cheval » : certains n'hésitent pas à taper des pos-

L'âne est efficace sur de nombreux attelages. Il existe d'ailleurs un championnat de France le concernant.

térieurs, des antérieurs, voire à mordre. Des raisons pour lesquelles une réelle éducation est indispensable : ils doivent apprendre à marcher en longe et à l'épaule, à se laisser panser, seller et monter.

L'âne miniature, quant à lui, est très proche de l'homme. Il a un besoin intense de la présence de ce dernier et recherche constamment tendresse et caresses, se sentant peut-être plus vulnérable. Sa confiance gagnée, il est susceptible toutefois de devenir franchement envahissant, et il convient, là encore, de fixer des limites fermes.

Bâté, attelé ou sous la selle, l'âne se révèle encore un merveilleux auxiliaire en équithérapie, notamment adaptée aux enfants handicapés, auprès desquels sa douce sensibilité fait merveille !

Attelé en paire, à un chariot bâché, il permet d'agréables errances. Ici, côte à côte : un âne normand et un âne du Cotentin.

Dressage ou éducation ?

Un âne ne se dresse pas, il s'éduque. C'est une question de patience, de compréhension, de mise en confiance et de complicité, pour ne pas dire d'amour !

Les races

Des ânes et des races

Le cheptel asin de l'Hexagone serait passé du simple au double en à peine plus de vingt ans : c'est dire si les ânes ont la cote ! Sept races seulement sur les nombreuses qui existent sont actuellement officiellement reconnues par les haras hationaux français.

L'ÂNE GRAND NOIR DU BERRY

Taille : de 1,30 à 1,45 m.
Prix : de 1 500 à 3 000 euros.

Cette race est reconnue par les haras nationaux depuis 1994. Aujourd'hui, plus de 60 % des ânes inscrits au Stud Book « Grand Noir du Berry » sont localisés dans le sud du Berry (Cher et Indre). Il est possible, toutefois, de rencontrer le grand âne noir un peu partout en France, en Belgique et en Suisse. Il demeure, par tradition, l'animal de trait des petites exploitations : travaux de la vigne, buttages et débuttages, labours restreints (pour la pomme de terre), etc. Attelé à de petites carrioles pour des transports variés, il halait aussi les péniches sur

La robe est unie, sans zébrure ni raie de mulet.

tous les canaux du Centre. Reconverti aujourd'hui dans le domaine des loisirs, le grand noir du Berry sait accompagner, sous le bât, bien des randonneurs pédestres ; attelé, il est capable d'assurer d'agréables promenades dans le cadre de centres équestres ou d'asineries. Le rôle de certains étalons (les baudets) pourrait être aussi de produire des mules.
Si la femelle, l'ânesse, mesure au minimum 1,30 m au garrot, le mâle, quant à lui, toise entre 1,35 et 1,45 m à 4 ans. La robe unie va du noir au bai-brun, sans bande cruciale ni raie de mulet, et sans zébrures aux membres. L'œil est vif, portant des lunettes gris-blanc, parfois cerné de roux. En 2000, 518 ânes grand noir du Berry étaient inscrits au Stud Book alors que 21 baudets se trouvaient agréés à la monte.

• **Association française de l'âne grand noir du Berry**
Maison de Pays – BP 10
18160 Lignières
Tél./Fax : 02 48 60 09 11

En haut : Le pourtour de l'œil, généralement plus clair, peut faire penser à des lunettes.

En bas : Petit ânon deviendra grand noir.

L'ÂNE BOURBONNAIS

Taille : de 1,18 à 1,35 m.
Ânon au sevrage (mâle ou femelle) : entre 600 et 900 euros.
Adultes bien éduqués et en main : de 1 500 à 1 800 euros.

C'est dans l'un des quatre départements auvergnats, l'Allier, que se situe le berceau de race de l'âne bourbonnais. Pour le rencontrer en nombre, il suffit de se rendre, en août, à la foire des ânes de Braize (03). Sa robe se décline du bai au chocolat en passant par le bai-brun foncé. Le dos est rectiligne, le ventre et l'intérieur des membres sont plus clairs ainsi que le bout-de-nez et le pourtour des yeux (blanc). Sont bien présentes la raie de mulet, la croix de Saint-André ainsi que, parfois, des zébrures aux membres. Le mâle toise en moyenne de 1,25 à 1,35 m au garrot, tandis que la femelle affiche une taille qui peut varier de 1,18 à 1,28 m.
La possibilité a été émise de croisements avec son voisin, le grand noir du Berry car, comme ce dernier, l'âne bourbonnais a été employé sur les chemins de halage. Autrefois utilisé, comme beaucoup de ses congénères, pour de multiples travaux de ferme, attelé ou bâté, il devrait trouver de nos

Utilisé pour hâler les péniches, le Bourbonnais a l'œil vif.

jours un créneau dans les activités de loisirs. Cette race, après de longues démarches et des efforts durables dus à quelques passionnés, a été enfin officiellement reconnue en octobre 2002. Tous les sujets proposés à la vente sont dotés d'un puçage électronique et leurs ascendants bien identifiés.

• L'âne bourbonnais

Maison de l'âne
Beauregard – 03360 Braize
Tél. : 01 34 66 67 44

Ci-contre : Le bout-de-nez et le pourtour des yeux sont blancs.

Ci-dessous : Un débouché existe dans les activités de loisir.

L'ÂNE DU COTENTIN

Taille : de 1,15 à 1,35 m.
Ânon au sevrage :
de 600 à 900 euros.
Baudets ou ânesses bien dressés :
de 1 200 à 2 250 euros.

C'est en Basse-Normandie, dans le département de la Manche, qu'il est apparu de manière certaine au XVIe siècle. Toutefois, sa présence pourrait être plus ancienne. Il aura, en ces lieux, un grand rôle sous le bât : l'âne du Cotentin était quotidiennement chargé du transport des bidons de lait, mais aussi des « triolettes », ces servantes auxquelles incombait la traite des vaches en plein champ. Il était également attelé pour bien des travaux agricoles ou des déplacements de la ferme aux bourgs éloignés.
Le mâle toise de 1,20 à 1,35 m au garrot. La taille de l'ânesse se situe, quant à elle, entre 1,15 et 1,30 m. La robe peut être gris cendré, gris tourterelle ou encore gris bleuté, garnie d'une croix de Saint-André. Parfois, des zébrures aux membres sont bien apparentes. Le pourtour des yeux, aux arcades bien marquées, est gris-blanc souvent cerné de roux. Le bout-de-nez est gris. Depuis sa réhabilitation en 1995 et sa reconnaissance par les haras nationaux en 1997, l'âne du Cotentin est surtout utilisé comme auxiliaire, portant les bagages de nombreux randonneurs pédestres et de leurs enfants. Tous les ânes du Cotentin (comme tous ceux des races reconnues) sont identifiables grâce à un puçage électronique. En 2001, on estimait entre 650 et 700 le nombre d'ânes de cette race. Le livre généalogique les concernant a été fermé afin de favoriser une sélection véritable en race pure.

• G. Mouchet-Vichard
Hameau de Fains
14310 Villy-Bocage
Tél. : 02 31 77 20 69
Fax : 02 31 77 70 32

À gauche : Un petit âne aux origines anciennes.

Ci-dessus : La croix de Saint-André est bien présente.

À droite : L'élevage se fait en race pure.

L'ÂNE NORMAND

Taille : de 1,10 à 1,25 m.
Ânon au sevrage :
de 600 à 900 euros.
Baudet ou ânesse bien dressés :
de 1 200 à 2 250 euros.

L'âne normand est présent dans le Calvados, l'Orne et la Manche (départements qui, en 1970, comptaient 8 500 ânes toutes races confondues). Reconnue en 1997 par le ministère de l'Agriculture, la race était représentée par 225 sujets en 1998 (reconnus et identifiés électroniquement). Le rôle de l'âne normand a été sensiblement le même que celui de son voisin du Cotentin, à savoir porter sous le bât des charges pouvant atteindre 170 kg (quatre bidons remplis de lait, le bât et la triolette). Attelé, il effectuait divers travaux.
Toisant de 1,10 à 1,25 m au garrot, l'âne normand présente une robe susceptible de varier du bai au bai-brun, agrémentée d'une croix de Saint-André, d'une raie de mulet et, la plupart du temps, de zébrures aux membres. L'encolure, épaisse et forte, supporte une tête rectiligne surmontée d'oreilles de bonne longueur. La crinière peut être drue ou tombante. Les yeux sont vifs, aux arcades bien marquées ; ils portent des lunettes gris-blanc et sont parfois cernés de roux. Le bout-de-nez peut être souvent gris foncé ou presque noir. Les membres sont solides.

- **Association de l'âne normand**
Haras du Pin – 61310 Le Pin-au-Haras
Tél. : 02 33 12 16 00

Ânesse normande et son rejeton.

Les yeux vifs portent des « lunettes » parfois cernées de roux.

LE BAUDET DU POITOU

Taille : de 1,35 à 1,50 m.
Prix : les fédons (jeunes baudets) sont rares : entre 6 000 et 9 000 euros selon les ascendants.

Le baudet du Poitou présente une tête imposante et des oreilles impressionnantes, recouvertes d'une pilosité abondante caractéristique. Sa robe est bai-brun, constituée de poils longs, frisés et soyeux comme une véritable toison. Il doit posséder des membres puissants, aux pieds larges et ouverts, eux aussi recouverts de poils. Sa taille se situe entre 1,40 et 1,50 m au garrot pour les mâles et 1,35 à 1,45 m pour les ânesses. Son poids varie de 250 à 430 kg.
Ce n'est pas, contrairement à ses congénères, un travailleur acharné, mais plutôt un aristocrate : en effet, la principale fonction des mâles de cette grande race officiellement reconnue par les haras nationaux en 1884 était d'engendrer mules et mulets (baudet x jument mulassière du Poitou). Trois cents animaux de race pure se répartissent ainsi : 70 % en France, dont 30 % dans le berceau de race, c'est-à-dire la région Poitou-Charentes plus la Vendée, et 30 % en Allemagne, en Suisse, en Belgique, en Suède, en

Des oreilles impressionnantes et fournies en poils longs.

Une robe spécifique de poils longs et frisés.

Quelques populations d'ânes

Il est permis d'estimer la population asine européenne comme suit :

- Espagne : 130 000 ânes
- France : 25 000 ânes
- Grèce : 145 000 ânes
- Italie : 75 000 ânes
- Irlande : 15 000 ânes
- Portugal : 170 000 ânes
- Royaume-Uni : 10 000 ânes
- Suisse : 2 000 ânes.

Alors qu'ils seraient 340 000 en Algérie, 1 500 000 en Inde, 11 millions en Chine (où ils étaient attelés, il n'y a pas si longtemps, à de drôles de petits véhicules : les « brouettes à ânes »).

Angleterre et aux États-Unis. Les éleveurs sont une quarantaine en France, une trentaine à l'étranger. Plusieurs organismes sont concernés par la sauvegarde du plus ancien de nos ânes : SABAUD, l'asinerie de La Tillaudière, le parc inter-régional du marais poitevin, l'association des éleveurs et le haras national de Saintes.

• **La SABAUD**
79360 Villiers-en-Bois
Tél. : 05 49 09 72 39

• **Haras national de Saintes**
Avenue Jourdan – BP 174
17107 Saintes – Tél. : 05 48 74 35 81

Il existe aujourd'hui 300 animaux de race pure.

L'âne des Pyrénées est présent en France et en Espagne.

L'ÂNE DES PYRÉNÉES

Taille : de 1,20 à 1,35 m.
Prix : suivant le niveau de dressage, on peut trouver des sujets entre 750 et 1 350 euros.

L'âne des Pyrénées est présent sur un vaste territoire qui englobe bien des départements du sud et du sud-ouest de la France, ainsi que les régions du nord-est de l'Espagne. Catalan ou Gascon, avec des déclinaisons de types dues à ses nombreux et différents berceaux (Lourdais, Tarbais, Béarnais...), l'âne des Pyrénées affiche sous une même robe bien des variations de taille. De robe baie foncée à presque noire, il toise en effet de 1,20 à 1,35 m au garrot, et bien au-dessus pour certains sujets. Cette race, officiellement reconnue par les haras nationaux en 1997, a été utilisée à plusieurs fins : travaux des champs et transports divers. Bâtés ou attelés (notamment à des « trains » de bœufs), les ânes des Pyrénées, dociles et patients, ont été de précieux auxiliaires pour approvisionner en blocs de glace les établissements de thermalisme ou convoyer en toute

Le lait des ânesses a été exploité pour ses vertus curatives.

quiétude les curistes vers des sites exceptionnels. Le lait de certaines ânesses a aussi été beaucoup exploité, à prix fort, pour ses vertus curatives. Aujourd'hui, l'âne pyrénéen est un partenaire apprécié des randonneurs pédestres. Certains baudets participent encore à une production mulassière : si l'on souhaite une mule aux pieds agiles, il sera bon de choisir un baudet gascon ; par contre, l'étalon catalan conviendra davantage pour engendrer un produit destiné aux travaux agricoles.

• Âne des Pyrénées
Thierry Rabier – 64400 Estos
Secrétariat : Brigitte Châtainier
31350 Boulogne-sur-Gesse
Tél. : 05 61 88 14 03

L'ÂNE DE PROVENCE

Taille : de 1,20 à 1,33 m.
Ânon au sevrage :
de 600 à 900 euros.
Sujets adultes :
de 1 000 à 1 300 euros.

Toisant de 1,20 à 1,33 m au garrot pour les mâles et de 1,17 à 1,30 m pour les femelles, le petit âne gris de Provence, avec sa croix de Saint-André noire bien apparente, ses doux yeux cernés de roux et son bout-de-nez blanc, est vraisemblablement le plus populaire de tous les ânes. Au pays des santons, c'est l'âne de la crèche. Encore appelé âne des Croisés ou âne des Saintes, il fut aussi, au moins depuis le XVe siècle, l'adorable auxiliaire des bergers : celui qui accompagnait les grandes transhumances de moutons, entre la Basse-Provence et les alpages de Haute-Provence, des Alpes et du Dauphiné. C'est lui encore qui, sous de lourdes charges, par des sentiers escarpés que lui seul pouvait gravir en choisissant les bons passages, assurait le ravitaillement des estives. Reconnue par les haras nationaux en 1997, la race a été menacée par le progrès : les trains, les camions et les avions l'ont aujourd'hui largement remplacé. Toutefois, ce petit âne robuste, rustique et placide peut faire le bonheur de bien des randonneurs pédestres. Parfaite peluche vivante, c'est un excellent animal de compagnie.

• **Âne de Provence**
Le Colombier – 26750 Montmiral
Tél. : 04 75 02 78 83

L'âne de Provence est une véritable peluche vivante.

Bien d'autres races encore

Outre les sept races officiellement reconnues en France, il existe une multitude de variétés asines. L'âne commun n'a rencontré aucune association susceptible de le défendre, peut-être parce qu'il est très répandu et facilement confondu avec bien des sujets de races reconnues. Mais il existe encore l'âne andalou, l'âne du Perche, ainsi que les ânes blancs, notamment d'Égypte, ou encore l'âne bouchard, entièrement noir. Sans oublier les ânes de Catalogne ou de Gascogne, l'âne pie, qui serait originaire d'Irlande, les ânes de Corse et ceux d'Italie, de Sicile ou de Sardaigne, les vaillants sujets du Maghreb, et les petits ânes méditerranéens (de 86 à 95 cm et plus au garrot), qui ont permis d'engendrer les ânes miniatures. De nombreux sujets issus des pays de l'Est sont également présents sur certains foirails de l'Hexagone.

En haut, à gauche : L'âne bouchard est entièrement noir.

En bas, à gauche : L'âne blanc vient d'Égypte.

Il existe bien des races d'ânes qui ne sont pas officiellement reconnues.

À la recherche d'un mini-âne

En mai 1929, l'Américain Robert Green, qui possède une ferme dans le New Jersey, fait l'acquisition de six ânesses et d'un baudet, tous de petite taille, issus du Bassin méditerranéen. Ce sont eux qui seront à l'origine des ânes miniatures aux États-Unis. Le premier ânon, Christophe Colomb, va naître la même année. En 1935, cinquante-deux ânes miniatures ont déjà vu le jour. Quelques sujets seront vendus à Richard Sagendorph, Henry T. Morgan et August Bush Junior de Saint-Louis, dans le Missouri. En 1950, Daniel et Béa Langfeld achètent leur premier âne auprès de ce dernier : un petit animal de compagnie destiné à leur fille handicapée. Par la suite, dans leur ferme du Nebraska, aux côtés de poney shetlands, ils vont créer le premier élevage professionnel d'ânes miniatures (entre 60 et 225 sujets). En 1958, Béa Langfeld établit les références du premier registre de l'âne miniature américain. Le standard est définitivement fixé en 1987 : de petits ânes adultes toisant, au maximum, 90 cm au garrot ; qui peuvent supporter des charges de 35 à 45 kg et qui vivent entre trente et trente-cinq ans. Bien des géniteurs provenant du Nouveau Monde seront importés par des passionnés français afin de développer des élevages identiques, mais encore très confidentiels.

• The American Donkey & Mule Society
2901 N. Elm St, Denton, TX 76201 – USA
Tél. : 940 382 6843 – Fax : 940 484 8417

• The National Miniature Donkey USA
RD 1, Box 427, Dewey Rd, Rome NY 13440 – USA
Tél. : 315 336 0154

L'âne miniature fait l'objet d'un élevage confidentiel en France, mais est très répandu outre-Atlantique.

L'âne et les hybrides

Les croisements entre ânes et chevaux remontent à l'Antiquité, où les hommes avaient décidé de créer une race alliant les qualités de ces deux espèces.

Des mules et des mulets

Les deux espèces du genre *Equus*, l'âne et le cheval, ont été beaucoup exploitées par les hommes désireux d'atteindre les buts dictés par un nomadisme inné ou forcé : l'âne pour les travaux difficiles que n'aurait su ou pu exécuter le cheval, et ce dernier pour les parades et les guerres. L'idée est venue aux hommes, dès l'Antiquité, d'associer les qualités des deux en créant, par des croisements, des mules et des mulets. Ainsi, baudets (ils sont aux ânes ce que les étalons sont aux chevaux) et juments (dites « mulassières ») seront destinés à fournir ces produits hybrides et, en règle générale, stériles, résistants, au pied sûr, endurants et courageux, intelligents et excellents auxiliaires de conquêtes multiples et variées. On ne tarit pas d'éloges sur la mule poitevine, la « mule gauloise » (parce qu'élevée par ces derniers), agréable de caractère, performante, issue du croisement entre le baudet du Poitou et les fameuses juments du cru. Tou-

Ci-dessus : Un hybride né des amours d'un baudet et d'une jument.

Ci-contre : Le mulet est plus fort et plus réfléchi que le cheval.

La mule du Poitou est mondialement réputée.

tefois, d'autres ânes, des étalons (des baudets), sont encore utilisés dans une production qui aurait, de nouveau, le vent en poupe : notamment l'âne des Pyrénées (catalan ou gascon), ou encore le grand noir du Berry.

Beaucoup plus intelligente et réfléchie que le cheval, la mule tendrait à devenir une partenaire privilégiée dans le domaine du débardage en forêt, mais aussi en bien des attelages, voire sous la selle. Les mules les plus recherchées toisent 1,50 m au garrot pour un poids de 500 kg. L'élevage du mulet aurait débuté, il y a 4 000 ans environ, au Moyen-Orient.

Le prix d'une jeune mule ou d'un jeune mulet peut varier entre 900 et 3 000 euros, selon leur degré d'éducation.

• Association des races mulassières du Poitou
Avenue de La Venise Verte – BP 237
79007 Niort Cedex
Tél. : 05 49 35 22 68

• Fédération nationale asine et mulassière
Sanas – 19350 Juillac
Tél. : 05 55 25 29 70

Mules et mulets pourraient bien se révéler sous la selle.

Le bardot

C'est le résultat du croisement inadéquat d'un cheval (étalon) et d'une ânesse. Les produits issus d'un tel accouplement, dont la femelle est la bardine, sont des hybrides généralement stériles. Résultats d'« accidents » de pâture, ils ne sont aujourd'hui ni rentables ni appréciés. Mi-cheval mi-âne, leur utilisation n'a jamais donné lieu à de bonnes références, ni à une quelconque création d'association. Le bardot, s'il en reste, serait destiné, plus ou moins, à n'être que le piteux témoin d'une malheureuse circonstance génétique. Toutefois, il était connu des anciens Égyptiens et utilisé à la traction.

Ci-contre : La mule est beaucoup plus intelligente que le cheval.

Ci-dessous : Le bardot a pu être utilisé à la traction.

Randonnée

Randonner en France avec un âne

Pendant longtemps, l'âne fut le « cheval du pauvre », dédié au transport de marchandises et à de nombreux travaux de la ferme. Aujourd'hui, l'heure est aux loisirs et de plus en plus de randonneurs, à pied et en famille, aux côtés de serviables ânes bâtés, auront sûrement été plus efficaces que de vastes campagnes promotionnelles pour le grand retour de l'espèce asine en France.

Hier « cheval du pauvre » ; aujourd'hui compagnon d'errances et de découvertes.

L'âne : un guide parfait

Dès les années 1980, afin de préserver le patrimoine asin, quelques âniers vont mettre en place des formules de randonnée accompagnée. Moins fougueux qu'un cheval, l'âne permet de voyager tranquillement, sans avoir besoin d'être cavalier. Bien au contraire, il sait redevenir, comme au temps passé des grandes transhumances, un auxiliaire fiable connaissant les chemins et leurs pièges. Si l'équitation se résume souvent à un plaisir en duo, les périples avec un ou des ânes bâtés peuvent se partager en famille ou entre amis.

La randonnée pédestre permet d'avancer à son rythme, de s'arrêter pour contempler un panorama grandiose, pour discuter avec des gens croisés en chemin... L'âne, qui avance d'un pas sûr à 3 ou 4 km/h, est donc le

compagnon idéal pour une promenade tranquille où vous prendrez le temps d'apprécier ce qui vous entoure. Son atout non négligeable, c'est qu'il peut porter entre 30 et 40 kg de bagages. Libéré du poids des sacs à dos, vous profitez pleinement de votre promenade.

Quant aux enfants, ils sont généralement conquis au premier regard, d'autant plus que les plus petits peuvent alterner un peu de marche et un peu de dos d'âne dans les passages faciles...

À l'heure actuelle, de nombreux âniers proposent leurs services et celui de leurs ânes bâtés un peu partout en France, et il est aujourd'hui possible de partir à la découverte des sentiers secrets de chaque région en compagnie d'un âne.

Ci-contre : L'âne peut porter jusqu'à 40 kg de bagages : une bonne solution pour randonner léger.

Ci-dessous : On peut aujourd'hui randonner avec un âne dans toutes les régions de France.

Un parfait compagnon

Robert Louis Stevenson, atteint de tuberculose, voyagea beaucoup à la recherche d'un climat convenant à ses bronches malades. À l'occasion de sa traversée des Cévennes, accompagné de l'ânesse Modestine, il rédigea un journal de bord, qui paraîtra en 1879 sous le titre *Voyage avec un âne à travers les Cévennes*, vantant les mérites de l'âne comme compagnon de voyage.

Une référence en matière de fédération

Il est vrai qu'il est tentant, la demande se faisant plus grande, d'installer des ânes un peu partout, en complément d'autres activités, pour une rentabilité immédiate, sans se soucier de la sécurité des gens et de l'intégrité des petits Équidés.

Pour éviter tous ces désagréments, certains organisateurs de randonnées avec ânes ont su anticiper bien des avatars susceptibles d'entacher leur crédibilité, en se regroupant en une fédération nationale baptisée FNAR (Fédération nationale ânes et randonnées). En 2003, la FNAR comptait soixante-cinq adhérents, réunis par leur passion pour l'âne, mais aussi par une même conception de la promotion de leur région, qui ont tous signé une charte de qualité.

Ci-contre : Marie-Claude Bureau : pour des ânes « forestiers » près de Fontainebleau.

Ci-dessous : Jean-Louis Guyot et son âne des Pyrénées : des pionniers pour de nouvelles aventures.

L'âne et les enfants : une découverte de chaque instant en classes de nature.

Les différentes formules de randonnées

Pour découvrir la randonnée avec un âne et se familiariser avec l'animal, rien de tel que la randonnée d'une journée. Se déroulant sur des sentiers balisés de faible difficulté, cette formule est proposée par presque tous les âniers.

Pour des circuits d'une durée plus importante, vous pourrez soit randonner librement, soit choisir la formule accompagnée. Dans le premier cas, mieux vaut être bon randonneur et autonome, car vous gérez la totalité de l'organisation : durée, choix de l'itinéraire, hébergement, etc.

En revanche, si vous souhaitez vous laisser guider, choisissez la randonnée accompagnée. Vous vous joindrez à un groupe mené par un accompagnateur qui organisera l'ensemble du circuit. Vous pouvez toutefois opter pour une solution intermédiaire, grâce à la randonnée préparée. L'ânier prend alors en charge la préparation de votre séjour, mais vous effectuez le circuit sans accompagnement.

Les ânes sont des compagnons de randonnée dociles qui peuvent même devenir médiateurs.

Le bât est indispensable pour randonner à pied avec un âne.

Certains âniers proposent également d'accueillir les enfants en vacances ou encore d'organiser des classes de nature et/ou des journées d'accueil de scolaires. Des formules adaptées aux personnes avec handicap mental, ayant des difficultés de comportement ou certaines déficiences physiques sont également proposées, avec des parcours sans difficultés où l'accent est mis sur le rapport avec l'animal, car l'âne est un excellent thérapeute !

Comment ça se passe ?

Au moment du départ, l'ânier vous confie un âne avec son matériel (longe, licol, matériel de pansage) et son bât. Il vous conseillera pour la conduite de l'âne et vous initie au bâtage, car la technique est simple, mais il faut connaître les bons gestes. Vous recevrez également un livret, conçu et réalisé par la FNAR, dans lequel vous trouverez tous les conseils pour vous familiariser avec

l'âne, pour bien le conduire, l'entretenir, etc.
Pendant tout le parcours, vous tiendrez l'âne en longe, une personne devant, les autres derrière, car un âne se pousse, il ne se tire jamais ! Côté alimentation, il se nourrira d'herbe au fil de la promenade et s'abreuvera aux points d'eau aménagés sur le parcours. Votre ânier ajoutera toutefois sûrement un complément en nourriture, comme une ration d'orge par exemple.
Le matin et le soir, vous devrez étriller et brosser l'âne, ainsi que vérifier l'état de ses sabots. Par ces soins quotidiens, vous garantissez le confort à votre animal pendant toute la randonnée, et vous établirez en même temps avec lui une relation de confiance.

Tarifs (à titre indicatif)

Un âne pour une journée : de 34 à 46 euros.
Une semaine : de 198 à 305 euros.

Un âne des Pyrénées tout prêt à vous surprendre sous son riche harnachement.

Les âniers de la FNAR

La FNAR propose de nombreuses destinations sur l'ensemble de la France. La liste qui suit recense les âniers adhérents de la fédération avec, quand cela a été possible, la description d'un des circuits que vous pourrez effectuer.

À CAPEL'ÂNE
Ferme de Puech Capel
12640 Rivière-sur-Tarn
Tél. : 05 65 59 86 32
Fax : 05 65 60 41 74
ferme-de-puech-capel@wanadoo.fr

À PETITS PAS
Régis Tirlemont
16, route de Canlers
62310 Ruisseauville
Tél. : 03 21 06 36 29
apetitspas@free.fr
Site : www.apetitspas.free.fr
Circuit : Histoire et légende
D'une durée de 2 h 30, sur 7,5 km, cet itinéraire vous fera découvrir les plus jolis villages du haut pays d'Artois, à l'exemple de Tramecourt, avec ses maisons de torchis et son église gothique. Vous arpenterez également la plaine d'Azincourt, célèbre champ de bataille de la guerre de Cent Ans.

ALPAC'ÂNES
Les Achards
05190 Breziers
Tél. : 04 92 55 17 96
jeanmibaudet@aol.fr

AMITIÉ, NATURE, ÉQUIDÉS (ÂNE)
Le Mourigal
19150 Espagnac
Tél./Fax : 05 55 29 15 08
correze.ane@free.fr
Site : correze.ane.free.fr
Circuit : Sur les traces du Transcorrézien
Le Transcorrézien est un petit train qui circula entre Tulle et Ussel de 1914 à 1960. Un itinéraire en boucle sur six jours vous fera découvrir quatre gares restaurées sur le trajet de cette ancienne voie ferroviaire, sans oublier le superbe paysage corrézien.

ANAMBULE
Mas Corbières
30570 Notre-Dame-de-la-Rouvière
Tél./Fax : 04 67 82 48 10
anambule.30@tiscali.fr
Site : www.ane-et-rando.com

ANATOLE RANDO ÂNE
Ribevenes
48150 Meyrueis
Tél. : 04 66 45 66 48
anatolerandoane@aol.com
Circuit : Des Causses à l'Aigoual
Circuit en traversée de sept jours, cheminant au cœur des grands espaces sauvages des gorges et des causses cévenols. Après les gorges de la Jonte, on se laisse prendre par le charme des vallées ombragées pour remonter ensuite au sommet du mont Aigoual, où le regard embrasse les crêtes des Cévennes.

ÂNES À CHRONIQUES
La Rougerie
24390 Tourtoirac
Tél. : 05 53 50 09 49
Fax : 05 53 51 30 87
Circuit : Le long de l'Auvezère
Partez à la découverte des richesses de ce petit coin de Dordogne en suivant un circuit de six jours qui longe et enjambe la rivière Auvezère. Outre les vues splendides sur toute la région offertes par l'itinéraire, vous pourrez également admirer l'architecture des hameaux et du petit patrimoine, ainsi que l'hospice et le château de Hautefort.

ÂNES DU HAUT-GIFFRE
Le Pelly
74740 Sixt-Fer-à-Cheval
Tél. : 04 50 89 56 47 ou 04 50 34 11 17
s.ferrand@wanadoo.fr
Circuit : Lac d'Anterne et cascade du Rouget
Pendant trois jours, vous cheminerez à travers la réserve naturelle de Sixt, à la rencontre de la faune et de la flore exceptionnelles de ce coin de Haute-Savoie : marmottes et chamois, grande gentiane et rhododendrons... Vous passerez un col à 2 038 m d'altitude et pour le plaisir, vous pourrez aller voir plus haut la vue sur le mont Blanc.

ÂNES EN BAUGES-OXALIS
Broissieux
73340 Bellecombe-en-Bauges
Tél. : 04 79 63 36 97
Fax : 04 79 63 81 91
info@oxalis-bauges.org
Site : www.ane-et-rando.com

Circuit : Montagne de Lachat
Cette escapade de deux jours sur les chemins des Bauges vous emmènera de cols en alpages et de forêts en villages, avec une nuit dans le chalet du Creux de Lachat, d'où vous aurez un magnifique point de vue sur le lac du Bourget.

ÂNES EN DIOIS
Souvestrière
26410 Boulc
Tél. : 04 75 21 17 79
patweiss@wanadoo.fr

ÂNES EN MONTAGNE
Marie Dauphin
Hameau Le Mollard
73530 Saint-Jean-d'Arves
Tél. :04 79 59 76 73
marie.dauphin1@libertysurf.fr
Site : www.ane-et-rando.com
Circuit : La vallée des Arves
Voici une randonnée familiale de cinq jours avec nuits en gîte, mêlant la haute montagne, avec une nuit en refuge au pied du glacier de l'Étendard, au charme des villages savoyards et des alpages traversés. Entre les lacs d'altitude, la rencontre avec le berger et son troupeau et les superbes paysages, voici un très bel itinéraire, qui vous fera goûter aux joies de la randonnée avec un âne en toute convivialité.

ÂNIERS EN MORVAN
Les Fricots
58230 Gouloux
Tél./Fax : 03 86 84 56 23
fricotins@wanadoo.fr
Site : www.ane-et-rando.com

ÂNES EN UBAYE
Les Besses
04340 Néolans-Revel
Tél./Fax : 04 92 81 94 14

AU PAS DE L'ÂNE
Le Rosier
05100 Val-des-Prés
Tél. : 04 92 21 30 95
info@ane.fr
Site : www.ane-et-rando.com

BADJ'ÂNE
Les Rochettes Hautes
48800 Altier
Tél. : 04 66 46 89 89
Fax : 04 66 46 81 24
badjane@wanadoo.fr
Site : www.chez.com/badjane
Circuit : Paysages du Mont-Lozère
En plein cœur du Parc national des Cévennes, dans des lieux sauvages souvent inaccessibles en véhicule, randonnez pendant cinq jours dans des paysages grandioses, au milieu d'une faune et d'une flore protégées. Au printemps, vous découvrirez une palette de senteurs et de couleurs unique ; en été, myrtilles et framboises sauvages raviront vos papilles ; quant à l'automne, période du brâme du cerf et des champignons, les harmonies flamboyantes du paysage vous raviront.

BALAGN'ÂNE
La Campannella
20259 Olmi-Cappella
Tél. : 04 95 61 80 88
Fax : 04 95 61 92 05
info@rando-ane-corse.com
Site: www.rando-ane-corse.com
Circuit : Le chemin de mémoire
Sur les anciens chemins muletiers de l'île de beauté, partez à la découverte des ponts génois et des villages abandonnés. Cet itinéraire de six ou sept jours à travers montagnes, forêts, cols et torrents remonte l'histoire depuis les villages actuels accrochés à leur montagne jusqu'aux sites mégalithiques, en passant par les anciennes zones agricoles où des troupeaux de chevaux sauvages vagabondent encore.

BALLADÂNE
Mas de Riols
34260 La-Tour-sur-Orb
Tél. : 04 67 23 10 53
Fax : 04 67 95 31 29
Balladanes@wanadoo.fr
Site : www.balladanes.com
Circuit : Robinsons du Haut Languedoc
En autonomie avec un ou plusieurs ânes et votre tente, cette randonnée de sept jours vous fera découvrir de grandes forêts à cervidés, des crêtes majestueuses et peut-être d'agiles mouflons.

BAMBOUL'ÂNE
26560 Eourres
Tél./Fax : 04 92 65 22 52
bamboulane@club-internet.fr
Site : www.ane-et-rando.com

BARROUD'ÂNES EN VERCORS
Nathalie Hild
56-A1 rue des Beaumonts
38250 Villars-de-Lans
Tél. : 06 84 12 85 04
nathalie.hild@laposte.net
Circuit : Traversée des hauts plateaux du Vercors
Cette randonnée pour bons marcheurs, qui s'étale de trois à huit jours, vous fera arpenter les hauts plateaux du Vercors, au cœur du parc naturel du Vercors. Plongé en pleine nature, vous pourrez admirer des paysages hors du commun : le mont Aiguille, le Grand Veymont et ses troupeaux de bouquetins et de chamois, les carrières romaines, le col du Rousset où planent les vautours...

BATIFOL'ÂNE
Le Puech
15130 Sansac-de-Marmiesse
Tél. : 04 71 47 75 75
fel.mahuas@wanadoo.fr

BIB'ÂNE
Méracq
64410 Arzacq
Tél. : 05 59 04 55 49
jcastet@club-internet.fr
www.ane-et-rando.com

BOUGRES D'ÂNES
Ferme de Putinat
71340 Melay
Tél./Fax : 03 85 84 16 70
bougresdane@aol.fr
Site : www.ane-et-rando.com

BRETÂNE
Coat Forest
29460 Hanvec
Tél. : 02 98 21 91 04
Fax : 02 98 21 91 38
pascal.quillien@wanadoo.fr
Site : perso.wanadoo.fr/bretane

CAIRN
Le Sanjhon
74300 Les Carroz-Flaine
Tél. : 04 50 34 48 03
Fax : 04 50 89 52 28
cairn@cairn-fr.com
Site : www.cairn-fr.com
Circuit : Queyras en famille
Une destination sur sept jours dans le pays aux mille cadrans solaires. Les Alpes aux senteurs du Midi, avec des étapes courtes pour que les plus jeunes aient le temps de la découverte.

CAMP'ÂNES
Les Échirons
26110 Venterol
Tél./Fax : 04 75 26 37 09
Sur des étapes de 15 à 18 km, entre le vert argenté des oliviers, le violet des champs de lavande et le bleu du ciel, visitez la Drôme provençale. Vous randonnerez au milieu des vignes et le soir, vous surprendrez une troupe de chamois dans les rochers. Vous rencontrerez aussi des hôtes chaleureux autour d'une table aux saveurs provençales.

CANTAL'ÂNES
Le Panoramic, Route de Murat
15400 Riom-lès-Montagnes
Tél. : 04 71 78 06 41
Fax : 04 71 78 24 01
LAGRIFFOUL@wanadoo.fr
Site : www.cantal-anes.com

Partez à la découverte du pays Gentiane : murets de pierres, villages épars, prairies rêvées pour les pauses pique-nique, petits ruisseaux, forêts… Les circuits faciles et familiaux vous emmènent dans des paysages toujours changeants.

CÉÜZ'ÂNES
Centre de Loisirs Agapanthe
05400 MANTEYER

CHAM'ÂNES
Ferme de la Vieille Route
69620 CHAMELET
Tél. : 04 74 60 12 24
Fax : 04 74 60 12 31
ferme.vieille.route@free.fr

COREÂNE
Hameau de Salicon
38650 CHÂTEAU-BERNARD
Tél. : 04 76 34 06 67
coreane@libertysurf.fr

DOCIL'ÂNES
Le Bourg-Valensenges
42600 LEZIGNEUX
Tél. : 04 77 58 68 22
Fax : 04 77 58 85 43
Circuit : Clochers et tourbières
Sur sept jours, vous passerez des petits villages au patrimoine fortifié et religieux aux vallées boisées, pour déboucher sur les hauts plateaux d'estives des monts du Forez. Panorama de lande de bruyère jonchée de quelques jasserie et entrecoupée d'arbustes : cet itinéraire aux paradoxes bien marqués vous fera connaître le vrai Forez.

ESCAP'ÂNES
9, rue des Prés-Saint-Jean
62650 ERGNY
Tél. : 03 21 06 28 76
contact@escapane.com
Circuit : Dans le haut pays d'Artois
En trois jours, le parcours permet d'apprécier les paysages vallonnés du haut pays d'Artois et de découvrir les savoir-faire locaux. Dans une région très rurale, vous pourrez apprécier le calme des rivières qui sillonnent le bocage, ou les tartes et les fromages des fermes qui jalonnent le parcours !

ÉTATS D'ÂNES
Rousset-du-Lac
07150 SAINT-CIRGUES-EN-MONTAGNE
Tél. : 04 75 38 91 92
Fax : 04 75 38 94 71
Rousset.du.Lac@wanadoo.fr
Site : www.ane-et-rando.com

FLÂNERIE
Mazères
65700 CASTELNAU-RIVIÈRE-BASSE
Tél. : 05 62 31 90 56
Fax : 05 62 31 92 88
Flanerievb@aol.com

GENTI'ÂNE
Castagnols-Vialas
48220 LE-PONT-DE-MONTVERT
Tél. : 04 66 41 04 16
Fax : 04 66 41 03 23
anegenti@free.fr
Site : www.ane-et-rando.com

ITINÉRANCE
Villeplane
06470 GUILLAUMES
Tél. : 04 93 05 56 01
Fax : 04 93 05 56 83
itinerance@wanadoo.fr
Site : www.itinerance.net
Circuit : De Villeplane au refuge de la Cayolle
Cet itinéraire de sept jours est une traversée très variée de la moyenne montagne fleurant encore la Provence pour rejoindre les alpages panoramiques du parc du Mercantour. Vous passerez ainsi des champs de blé aux pelouses de gentianes, où vous attendent chamois, bouquetin et aigle royal.

KADIÂNE
Le Chazal
26400 CHABRILLAN
Tél. : 06 83 33 10 77
kadianevtt@club-internet.fr
Circuit : La vallée de la Gervanne
Cet itinéraire de sept jours vous mènera du côté ouest de la région dioise, pour découvrir la vallée de la Gervanne et pénétrer dans les méandres de ce magnifique massif, à la rencontre des habitants de ce pays perdu mais aux mémoires jamais oubliées.

LA FERME DE BIBÂNE
64410 ARZACQ
Tél. : 05 59 01 55 49
jcastet@club-internet.fr
Site : www.ane-et-rando.com

LA FERME AUX ÂNES
Unac
09250 LUZENAC
Tél. : 05 61 64 44 22
Fax : 05 61 01 71 39
helene@la-ferme-aux-anes.com
Site : www.la-ferme-aux-anes.com

LA POULÂNERIE
Ferme de Vareilles
38710 PRÉBOIS
Tél./Fax: 04 76 34 70 59
poulanerie@club-internet.fr
Site : www.ane-et-rando.com

LE SENTIER DES ÂNES
Chaillolet
05260 CHABOTTES
Tél. : 04 92 50 19 12
Fax : 04 92 50 58 20
sentanes@free.fr

LES ÂNES DE VASSIVIÈRE
Champseau
87470 Peyrat-le-Château
Tél./Fax : 05 55 69 41 43
les.anes.de.vassiviere@wanadoo.fr
Site : www.ane-et-rando.com
Circuit : La montagne limousine et le plateau de Millevaches
La montagne limousine se dévoile tout au long de ce parcours de cinq jours adapté aux familles. En lisière du plateau de Millevaches, là où le lac de Vassivière étale ses eaux fascinantes, se succèdent landes et tourbières, forêts et bocages, étangs et ruisseaux bouillonnants, pierres à légendes et hameaux de granit.

LES ÂNES DES ABEILLES
Col des Abeilles
84390 Monieux
Tél. : 04 90 64 01 52
ANESDESABEILLES@wanadoo.fr
Site : www.ane-et-rando.com
Circuit : Boucle Les Isnards par Mormoiron et Saint-Hubert
Cette semaine en bivouac vous emmène dans les gorges de la Nesque, au pied du mont Ventoux. Vous passerez par les différentes combes et vous cheminerez sur le chemin des diligences, sur les traces du passé.

LES ÂNES DU BOSC
Le Bosc
12550 La Bastide-Soladed
Tél. : 05 65 99 79 44
Circuit : Boucle d'Ambialet
Pour un week-end de deux ou trois jours, aventurez-vous dans l'univers caché du Segala, tout échancré de ravins boisés de chênes ou de châtaigniers. L'itinéraire oscille entre vallons et croupes cultivées jusqu'au site classé d'Ambialet, presqu'île enserrée dans un célèbre méandre du Tarn.

LES ÂNES RAVIS
Le Piapet - Le Maitan
73590 La Giettaz
Tél. : 04 50 77 89 64
lesanesravis@aol.com

PAYS'ÂNE
Le Mondoueix
23250 Sardent.
Tél./Fax : 05 55 64 93 15
pays-ane@oreka.fr

PERCH'ÂNE
Les Bordes
28480 Saint-Denis-d'Authoux
Tél. : 02 37 49 40 12
perchane@wanadoo.fr

PIL'ÂNES
Route de Véranne
42520 Maclas
Tél. : 04 74 48 30 52

PILOUT'ÂNE
34150 Saint-Jean-de-Fos
piloutane@hotmail.com

P'TIT ÂNE
Valentin
43160 Berbezit
Tél./Fax : 04 71 00 09 22
Site : www.ane-et-rando.com

PYRÉNÉ'ÂNES
Gîte d'étape d'Aunac
09140 Seix
Tél. : 05 61 66 82 15
Fax : 05 61 96 58 31
pyreneesanes@free.fr
Site: www.pyrenees-anes.com

Circuit : Boucle Aunac par Les Glycines, La Bernadole et Serre
Cette randonnée de six jours au cœur des montagnes ariégeoises emprunte les chemins du tour de pays, qui dominent la plupart du temps les vallées et offrent une vue splendide sur le mont Valier et la chaîne des Pyrénées.

QUEYR'ÂNE
Le Raux
05350 Saint-Véran
Tél. : 04 92 45 82 65
Fax : 04 92 45 86 27
auberge.estoilies@free.fr
Site : www.ane-et-rando.com
Circuit : Des lacs, un château, une demoiselle...
Cet itinéraire de cinq jours au départ de Saint-Véran est destiné aux familles avec enfants. Au cœur du parc régional du Queyras, vous pourrez admirer les superbes vues sur la vallée de l'Izoard, vous reposer au bord des lacs de Soulier et de Roue, ou encore contempler le château Queyras et la demoiselle coiffée.

QUERCY TERRE D'ARÔMES
Les Bories
46330 Cregols
Tél. : 05 65 24 79 32
quercyterrearome@aol.com

RANDONNEÉS DES SIGNOLES
Pierre et Bernadette Ronez
Les Signoles
34330 La Salvetat-sur-Agout
Tél./Fax : 04 67 97 63 61
info@signoles.com
Site : www.signoles.com
Circuit : Découverte du Haut-Languedoc
Itinéraire de six jours avec étapes en gîtes et chambres d'hôtes dans le Haut-Languedoc. Aux confins de l'Aveyron, de l'Hérault et du Tarn, vous vous promènerez en famille au sein des vastes hêtraies, des sapinières et des landes de bruyère, en passant par les cols de la Baraque, du Cabaretou et de Font-froide, sans oublier les « balcons de l'Hérault ».

RANDO'ÂNE
Marcel Exbrayat
Chemin de Fourchaud
43700 Arsac-en-Velay
Tél./Fax : 04 71 08 81 42
Circuit : Haute vallée de la Loire
Cet itinéraire en boucle de six jours vous mènera au pied du mont Mézenc, jusqu'au lac de Saint-Front, en passant par Moudeyres, le village aux chaumières. Relief volcanique, gorges et grottes pittoresques... tout vous invitera à la randonnée.

RANDO D'ÂNES DU VERCORS
Le Village
26420 Saint-Martin-en-Vercors
Tél./Fax : 04 75 45 53 17
randodaneduvercors@libertysurf.fr
Site : www.randodaneduvercors.com
Circuit : Réserve naturelle des hauts plateaux
Cet itinéraire de six jours avec bivouac vous fait découvrir les endroits les plus sauvages du Vercors sud. Entre paysages pastoraux ou forestiers et sites spectaculaires, la faune et la flore uniques de cette réserve naturelle sera bien sûr au rendez-vous.

ROUERGU'ÂNES
La Borie del Gras
12320 Noailhac
Tél./Fax : 05 65 69 83 29
rouergu-anes@wanadoo.fr

TIS'ÂNES
Les Egaux
42990 Saint-Just-en-Bas
Tél. : 04 77 24 82 71
Site : www.ane-et-rando.com
Circuit : Hautes Chaumes du Forez
Cette randonnée de six à sept jours permet de découvrir les anciennes estives

du Forez, avec tout au long du chemin de superbes vues sur l'Auvergne et la Loire. Vous pourrez également partir pour un week-end, sur un circuit au milieu de la bruyère et des genévriers.

TRAMONTÂNE
Chantal Guillaume
La Rouvière
48110 Saint-Martin-de-Lansuscle
Tél. : 04 66 45 92 44
chantal.tramontane@nomade.fr
Circuit : Entre Cévennes et Bougès
Au fil des cinq jours de l'itinéraire, découvrez les Cévennes méditerranéennes (pays de schiste et de châtaigniers), le plateau calcaire de Barre-des-Cévennes, les landes de bruyère et les forêts de hêtres de la montagne du Bougès, ainsi que les Cévennes océaniques. Réservé à de bons marcheurs (étapes de 16 à 18 km), ce circuit peut être aménagé pour les familles avec des étapes plus courtes.

TREK'ÂNE
Martine Thévenin
Chemin de la Selle
07150 Vallon-Pont-d'Arc
Tél. : 04 75 88 11 13
trekane@wanadoo.fr
Site : www.ane-et-rando.com
Circuit : Les gorges de l'Ardèche
Dans ce lieu magique à la beauté sauvage et grandiose, loins des sentiers

battus, vous ressentirez les émotions des gens d'autrefois, qui ont vécu dans ce lieu jusqu'au XIXe siècle. Un dolmen, une caverne ou encore un abri en pierres sèches au détour d'un antique sentier : cet itinéraire de sept jours dans ces paysages merveilleux vous parlera de leur passé.

TZIG'ÂNES
Pascaline et Alain Chambart
Le Bois Montjoux
26460 Bourdeaux
Tél./Fax : 04 75 53 36 94
tzigane@free.fr
Site : www.ane-et-rando.com
Circuit : Entre Drôme provençale et Diois
Une randonnée agréable sur sept jours, dans un paysage sauvage. Découvrez la forêt des préalpes drômoises, le célèbre synclinal perché de la montagne de Couspeau, Saint-Nazaire-le-Désert et les sources du Jabron. Le point culminant de l'itinéraire est la vue imprenable que l'on a sur le massif du Vercors, le Diois, la montagne de Lance et le mont Ventoux.

UN ÂNE EN AUVERGNE
15, porte de Monsieur
43270 Allègres
Tél./Fax : 04 71 00 76 88
un-ane-en-auvergne@wanadoo.fr
Site : www.ane-et-rando.com
Circuit : Robes de bure et cottes de mailles
Partez à la découverte du riche patrimoine historique de la Haute-Loire : jalonnée de châteaux, de prieurés et d'abbayes, cette magnifique randonnée de quatre jours remonte les gorges sauvages de l'Allier. Pour le retour, et pour varier les plaisirs, vous pourrez faire la descente de l'Allier en canoë sur trois jours.

UN ÂNE EN OISANS
Rue de l'École
38142 Besse-En-Oisans
Tél. : 04 76 80 15 30
didier.franconville@free.fr

VAGABOND'ÂNE
Rieutor
66210 Puyvalador
Tél./Fax : 04 68 04 41 22
vagabondane@free.fr
Site : www.ane-et-rando.com
Circuit : Tour du Capcir
Cet itinéraire de sept jours dédié aux familles avec de jeunes enfants vous emmènera sur le vaste plateau de cette région des Pyrénées catalanes. Vous pourrez admirer les paysages grandioses offerts par les lacs des Bouillouses et du Carlit, tout en cueillant quelques framboises et pourquoi pas, surprendre des marmottes ou des isards.

VAGUAL'ÂNES
Laurence Chesneau
La Ferme d'en Haut - Le Mont Broult
14130 Le-Mesnil-sur-Blangy
Tél. : 02 31 65 22 29
Fax : 02 31 65 22 41
lafermedenhaut@caramail.com
Site : www.ane-et-rando.com
Au cœur du pays d'Auge, sur des itinéraires de un à sept jours, vous traverserez les paysages vallonés de la campagne normande, de forêts en pâturages, le long des ruisseaux. Ces circuits vous permettront de visiter les cidreries, les églises, les vieux pressoirs et les anciens lavoirs qui les jalonnent.

VOLC'ÂNES
Longvert-Espinasse
63390 Saint-Gervais-d'Auvergne
Tél./Fax : 04 73 85 84 12
volc-anes@wanadoo.fr
Site : www.volc-anes.com
Circuit : La chaîne des Puys et des lacs
Sur une durée de cinq à sept jours, cette traversée en boucle de la chaîne des Puys vous emmène au cœur des volcans éteints les plus jeunes d'Europe. Vous reviendrez émerveillés par le caractère sauvage des paysages de landes, de pelouses et de forêts rencontrés tout au long de l'itinéraire, et vous découvrirez les lacs sauvages de Servières et du Guéry.

VU D'EN HAUT
Le Nerbief
39370 La Pesse
Tél. : 03 84 42 70 43
Fax : 03 84 42 73 36
VU-DEN-HAUT@wanadoo.fr
Site : www.massifdujura.com/vuden-haut
Circuit : Sentiers nomades
Cet itinéraire de cinq jours est un voyage unique à la rencontre des peuples nomades du Haut-Jura. Le soir, l'étape vous conduit sur un hébergement nomade chaque fois différent (yourte mongole, roulotte tsigane, tipi et tchoum de Sibérie). L'occasion aussi de découvrir leur histoire et leur culture à travers les récits, les objets, les ambiances…

ZIG ZAG'ÂNES
Le Village
38470 Rovon
Tél. : 04 76 36 56 71
zigzaganes@aol.com
Site : www.ane-et-rando.com

Index

Crédits photographiques

Toutes les photos sont de **Pierre Miriski,** à l'exception de celles mentionnées ci-dessous :

Chaumeton/NATURE : 31 ; **Chaumeton-Lanceau/NATURE** : 1 ; **Farissier Serge** : 12-13, 18-19, 45 b, 46-47, 48, 83 b, 84 g, 112 ; **Gohier/NATURE** : 11 ; **Lamaison/NATURE** : 49 bd ; **Laurioux/NATURE** : 4, 115, 119 ; **NATURE** : 49 bg ; **Polese/NATURE** : 49 h ; **Sauer/NATURE** : 49 bm.